Numéro 3(1). — DEUXIÈME ANNÉE. — 1830. — Mars.

CATALOGUE
PAR ORDRE ALPHABÉTIQUE
DE LIVRES
PROVENANT DE DIVERSES BIBLIOTHÈQUES

PARTIE III,
COMPOSÉE DE LA BIBLIOTHÈQUE
DE FEU M. TIEBERT.

On y remarque :

UN CHATEAUBRIANT, UN ROUSSEAU, VOLTAIRE, SAINT-SIMON,
COOPER, VICTOR HUGO, DIDEROT, BEAUMARCHAIS,
UNE BIOGRAPHIE UNIVERSELLE, LA COLLECTION
COMPLÈTE DU MAGASIN PITTORESQUE,
LETTRES DE MADAME DE SÉVIGNÉ,
PLUTARQUE, COLLECTION
DES MÉMOIRES
RELATIFS A LA RÉVOLUTION FRANÇAISE,
ETC., ETC.

Dont la Vente aura lieu le 22 Mars et jour suivant.

PAR LE MINISTÈRE DE M° BOULOUZE,
Rue de Richelieu, 60,

SALLE DE LA RUE DE LA BIBLIOTHÈQUE, N° 4.

SE DISTRIBUE
A PARIS, CHEZ TECHENER, PLACE DU LOUVRE, 20.

(1) Les Personnes qui désireraient recevoir les suites du présent Catalogue sont priées de se faire inscrire chez TECHENER, place du Louvre, 20.
Le prix de souscription est de 2 fr. pour une année (à Paris); 3 fr. (province); 4 fr. (étranger).

ORDRE DE LA VENTE.

Le 22 Mars 1850.
N° 683 à 831.

23 Mars.
832 à la fin

On pourra voir et collationner les livres le matin de la vacation, depuis une heure jusqu'à trois.

Les livres doivent être collationnés dans la salle de vente et dans les vingt-quatre heures de leur adjudication.

Les ouvrages adjugés au-dessous de 12 fr. ne seront repris pour aucun défaut, à moins qu'ils ne soient incomplets.

Les acquéreurs payeront, en sus du prix d'adjudication, cinq centimes par franc, applicables aux frais.

Le Libraire chargé de la vente remplira les Commissions qui lui seront adressées.

Le N° 4 de la 9° année du présent Catalogue paraîtra dans quelques jours.

AVIS IMPORTANT.

Les Enchères descendront à 50 centimes, au gré des acquéreurs.

IL Y AURA AUSSI DE TRÈS-BONS LOTS.

PARIS. — TYPOGRAPHIE WITTERSHEIM, RUE MONTMORENCY, 8.

CATALOGUE DES LIVRES

COMPOSANT LA BIBLIOTHÈQUE

DE FEU

M. TIEBERT.

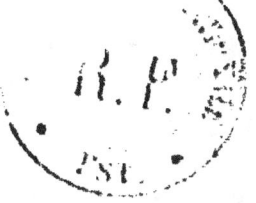

A. — THÉOLOGIE.

683. Bible (la Sainte) traduite en françois sur la Vulgate, par Le Maistre de Sacy. *Paris*, 1714, in-fol., v. br.

684. La Sainte Bible (dite de Legros). *Cologne*, 1739, in-12, veau gr. fil. (anc. rel.) [*bien conservé.*]

685. Sainte Bible, revue par David Martin. *Paris*, 1832, in-8, bas.

686. Catéchisme à l'usage de toutes les églises de l'empire français. *Paris*, 1806, in-18, cart.

687. Fleury. Les mœurs des chrétiens. *Paris*, 1712, in-12, v. marb.

688. Fleury. Mœurs des Israélites. *Paris*, 1700, in-12, v. brun.

689. Imitation de J.-C., trad. de l'abbé Valart. *Paris, Barbou*, 1780, fig. de Marillier, in-12, veau marb. fil. tr. dorée.

690. Morale pratique des Jésuites, représentée en plusieurs

histoires arrivées dans toutes les parties du monde. *Cologne*, 1669, pet. in-12, v. br.

691. Racine. Abrégé de l'histoire de Port-Royal. *Impr. à Vienne, et se trouve à Paris.* 1767, in-12, v. m.

B. — JURISPRUDENCE.

692. Berriat Saint-Prix. Cours de Droit criminel. *Paris*, 1836, in-8, br.

693. Boileux. Commentaire sur le Code civil, revu par Poncelet. *Paris*, 1839, 3 vol. in-8, br.

694. Bravard-Veyrières. Manuel de Droit commercial. *Paris*, 1840, in-8, br.

695. Code civil, accompagné du texte annoté des lois qui ont abrogé ou modifié plusieurs de ses dispositions. *Paris*, 1829, in-8, v. viol. fil. (*interfolié de papier blanc.*)

696. Falck. Cours d'instruction générale à l'étude du droit, ou Encyclopédie juridique; trad. de l'allem. et annotée par Pellat. *Paris*, 1841, in-8, br.

697. Gandillot et Boileux. Manuel de droit administratif. *Paris*, 1839, in-8, br.

698. Giraud (Ch.). Des Nexi, ou de la condition des débiteurs chez les Romains. *Paris, Didot,* 1847, gr. in-8, pap. vél. br.

699. Montesquieu. Œuvres. *Paris*, 1817, 2 vol. in-8, br.

700. Ortolan. Explication historique des Instituts de Justinien. *Paris*, 1842, 3 vol. in-8. br.

701. Ortolan. Explication des Instituts de Justinien. 1er examen, 1 vol. — *id*. Histoire de la législation romaine, 1 vol. — Du Caurroy. Institutes expliquées. 2 vol. in-8.

702. Pellat. Précis d'un cours sur l'ensemble du droit privé des Romains; trad. de l'allemand de Marezoll. *Paris*, 1840, in-8, br.

703. Rogron. Code de procédure civile expliqué. *Paris*, 1833, in-12, rel. en bas.
704. Rogron. Codes forestier, d'instruction criminelle et pénal, civil et de procédure, expliqués. *Paris*, 1836-1841. 5 gr. vol. in-12, br. et rel.
705. Troplong. De la contrainte par corps en matière civile et de commerce. *Paris*, 1847, in-8, br.

C. — SCIENCES ET ARTS.

1. PHILOSOPHIE MORALE.

706. Avis d'une mère à son fils et à sa fille (par la marquise de Lambert). *Paris*, 1734, in-12, v. m. (*exempl. en pap. fort.*)
707. Les Caractères de Théophraste et de Labruyère, avec notes, par M. Costes. *Paris*, 1769, 2 vol. in-12, portr., v. marb.
708. Charron. De la Sagesse. *Paris*, 1657, pet. in-12, tit. gr. v. br. fil.
709. De la Platière. Vie philosophique, politique et littéraire de Rivarol. *Paris*, 1802, 2 vol. in-12, br. — Pensées et maximes de Lamoignon Malesherbes, suivies de réflexions sur les lettres de cachet. *Paris*, 1802, in-12, broché.
710. Fortin de la Hoguette. Testament, ou Conseils fidèles d'un bon père à ses enfants, où sont contenus plusieurs raisonnemens chrétiens, moraux et politiques. *Paris, Antoine Vitré*, 1653, in-18, r. veau fauve fil. tr. dor. (*Bozérian.*)
711. Lavater. L'Art de connoître les hommes par la physionomie, orné de 600 grav. *Paris*, 1807, gr. in-8, cart. non rogné.

712. Mably. Entretiens de Phocion sur le rapport de la morale avec la politique, trad. du grec avec des remarques. *Paris, Cazin,* 1792, in-18, br.

713. Montaigne. Ses Essais, publiés par Villemain. *Paris,* 1825, 8 vol. in-12, br.

714. Naudé (*Gabr.*). Considérations politiques sur les coups d'État. *Suiv. la cop. de Rome,* 1712, pet. in-12, veau marb.

715. Necker. Cours de morale religieuse, par Necker. *Genève, chez Paschoud,* 1800, 3 vol. — Manuscrits de Necker, publiés par sa fille, an XIII, 1 vol. — De l'importance des idées religieuses, par le même. *Londres,* 1788, 1 vol. ensemble 3 vol. in-8, r. v. f. fauve.

716. Œuvres de Labruyère. — *Id.* de Larochefoucault. — *Id.* de Vauvenargues. *Paris,* 1818, gr. in-8, br. — Suppl. aux Œuv. de Vauvenargues. *Paris,* 1820, gr. in-8, br.

717. Pratique de la géométrie sur le papier et sur le terrain (par Séb. Leclerc). *Paris,* 1682, in-12, v. m.

718. Testament politique du cardinal de Richelieu. *Amsterdam,* 1688, pet. in-12, v. br.

2. HISTOIRE NATURELLE ET MÉDECINE.

719. Carron du Villards. Répertoire annuel et universel de clinique médico-chirurgicale. *Paris,* 1837, in-8, broché. (5e *année.*)

720. Caucanas. Annuaire médico-chirurgical. 1826, 1827 et 1828, 3 vol. in-8, br.

721. Chomel. Leçons de clinique médicale faites à l'Hôtel-Dieu de Paris (*tom. 2 contenant : rhumatisme et goutte*). *Paris,* 1837, in-8, br.

722. Dictionnaire de médecine, chirurgie, par Béclard, Cloquet, Orfila. *Paris,* 1821, 2 vol. in-8, d.-rel.

723. Duméril. Élémens des sciences naturelles. *Paris,* 1830, 2 vol. in-8, fig. d.-rel.

724. Fourcade Prunet. Maladies nerveuses des auteurs. *Paris*, 1826, in-8, br.
725. Haüy. Traité élémentaire de physique. *Paris*, 1803, 2 tom. en 1 vol. in-8, fig. d.-rel.
726. Henry. Précis descriptif sur les instrumens de chirurgie anciens et modernes. *Paris*, 1825, in 8, fig. br.
727. Lagneau. Exposé des symptômes de la maladie vénérienne et de ses divers traitemens. *Paris*, 1815, in-8, broché.
728. Loustalot-Bachoué (de). Nouvelles recherches sur les fonctions et les maladies des nerfs. *Paris*, 1830, in-8, broché.
729. Ollivier d'Angers. De la moëlle épinière et de ses maladies. *Paris*, 1824, in-8, fig. br.
730. Piorry. Traité de diagnostic et de séméiologie (*tom.* 3). *Paris*, 1838, in-8, br., et portrait de plusieurs maladies (*tom.* 5.)
731. Richerand. Nouveaux élémens de physiologie. *Paris*, 1801, in-8, cart.
732. Virey. Histoire naturelle des médicamens, des alimens et des poisons, tirés des trois règnes de la nature. *Paris*, 1820, in-8, br.

3. BEAUX-ARTS ET ARTS DIVERS.

733. Beaujean. Collection de toutes les espèces de bâtimens de guerre et de bâtimens marchands qui naviguent sur l'Océan et dans la Méditerranée. *Paris*, 1812, 6 livraisons in-4 oblong. (*Contenant* 72 pl.)
734. Blanc. Histoire des peintres français au dix-neuvième siècle. *Paris*, 1845, in-8, d.-rel. (*Tome I*^{er}.)
735. Cotty. Mém. sur la fabrication des armes portatives de guerre. *Paris*, 1806. — Instruction sur les armes à feu et armes blanches portatives. *Paris*, 1806, in-8, br.
736. Essai sur le Beau. *Paris*, 1741, in-12, v. f.

737. Magné de Marolles. La chasse au fusil. *Paris*, 1836, in-8, fig., br.

738. Mémoire de Benvenuto Cellini, écrits par lui-même et trad. par Leclanché. *Paris*, in-12, br.

739. Rogniat. Considérations sur l'art de la guerre. *Paris*, 1816. — Marbot. Recherches critiques sur l'ouvrage du lieut.-général Rogniat. *Paris*, 1820, 2 vol. in-8, br.

D. BELLES-LETTRES.

1. POÉSIES.

740. Boileau-Despréaux. Ses Œuvres, avec notes par Saint-Marc. *Amsterd.*, 1772, fig. de B. Picart, 5 vol. in-8, brochés, non rognés.

741. Brebeuf. La Pharsale de Lucain, en vers français. *Paris, Sommaville*, 1663, pet. in-12, v.

742. Caillot. Nouveau dictionnaire proverbial, satirique et burlesque. *Paris*, 1826, in-12, br.

743. Charles d'Orléans. Ses poésies. *Paris*, 1809, in-12, veau, fil.

744. Dovalle (Charles). Le Sylphe, poésies, avec une préface de V. Hugo. *Paris, Ladvocat*, 1830, gr. in-8, d.-rel., doré. (*Ce charmant volume est devenu très-rare.*)

745. Garnier. La Henriade et la Loyséé de Sébastien Garnier. *Paris*, 1770, in-8, v. m.

746. Grammaire générale et raisonnée de Port-Royal, par Arnauld et Lancelot, précédée d'un Essai sur l'origine de la langue françoise, par Petitot. *Paris*, 1810, in-8, br.

747. Homère. L'Iliade, trad. en fr., avec des remarques, par Mad. Dacier. *Paris*, 1756, 4 vol. in-12, v. marb., fig.

748. Laromiguière. Discours sur la langue du raisonnement. *Paris*, 1811, in-8, br.

749. Leroux de Lincy. Recueil de chants historiques français depuis le XII° jusqu'au XVIII° siècle. *Paris*, 1841, 2 vol. in-12, br.

750. Lorain. Abrégé du dictionnaire de l'Académie française. *Paris, Didot*, 1836, 2 tom. en 1 vol. gr. in-8, à 2 col., v. rac.

751. Massieu (L'abbé). Histoire de la poésie française. *Paris*, 1739, in-12, v. m., fil. (*Aux armes de Choiseul.*)

752. Nodier (*Ch.*). Dictionnaire raisonné des onomatopées françaises. *Paris, Delangle*, 1828, in-8, br.

753. Noel et Chapsal. Nouveau Dictionnaire de la langue française. *Paris*, 1832, gr. in-8 à 2 col., v. rac.

754. Nouvelle anthologie françoise. *Paris*, 1769, 2 vol. in-12, v. m.

755. Nouvelle encyclopédie poétique, ou Choix de poésies dans tous les genres, mises en ordre et publiées par Capelle. *Paris*, 1818, 18 vol. in-18, br.

756. Saint Amand. Les OEuvres du sieur de St. Amand. *Paris, Est. Loyson*, 1661, 1 vol. pet. in-12, d.-rel. (*Joli exemplaire.*)

757. Satires de Juvénal, traduites avec le texte en regard, par Dusaulx. *Paris*, 1770, in-8, v. m., fil.

758. Théophile. Les OEuvres de Théophile. *Lyon, chez Cellier*, 1677, pet. in-12, portr., d.-rel.

759. Vaugelas. Remarques sur la langue françoise, utiles à ceux qui veulent bien parler, bien escrire, par de Vaugelas. *Paris*, 1672, in-12, v. marb., fig.

760. Virgile. OEuvres trad. en vers français par Tissot et Delille, en vers espagnols par Guzman, Velasco et Luis de Léon; en vers italien par Arici et Annibal Caro; en vers anglais par Warton et Dryden; en vers allemands par Voss (texte en regard d'après Heyne), publiées sous la direction de Monfalcon. *Paris et Lyon*, 1838, gr. in-4, dos et coins de mar. viol., tr. sup. dor., non rogn. (*Exempl. sur pap. jaune.*)

2. THÉÂTRE.

761. Beffara. Dissertation sur Poquelin Molière, sur ses ancêtres, l'époque de sa naissance, etc., etc. *Paris*, 1821, in-8, br.

762. Bibliothèque du Théâtre Français depuis son origine. *Dresde*, 1768, 3 vol. pet. in-8, front. gr. v. éc.

763. Brazier Histoire des petits théâtres de Paris, depuis leur origine. *Paris*, 1838, 2 vol. in-18, br.

764. Collé (Charles). Journal historique, ou Mémoires critiques et littéraires. *Paris*, 1807, 3 vol. in-8, d.-r. n. r.

765. Crébillon. Œuvres dramatiques. *Paris*, 1769, in-4, cart. non rogné (*édition fort joliment imprimée.*)

766. Dryden. The Dramatick Works. *London, Tonson*, 1735, 6 vol. in-12, portr. fig. v. br.

767. Leclercq (Théod.). Proverbes dramatiques, nouvelle édition, ornée de 78 gravures d'après Johannot. *Paris*, 1836, 8 vol. br.

768. Lemazurier. Galerie historique des acteurs du Théâtre-Français, depuis 1600 jusqu'à nos jours. *Paris*, 1810, in-8, 2 vol., fr. gravé, br.

769. Longchamps et Wagnière. Mém. anecdotiques, très-curieux et inconnus jusqu'à ce jour, sur Voltaire. *Paris*, 1838, 2 vol. in-8, portr., br.

770. Mém. de Préville et de d'Azincourt, revus par Ourry. — Mém. de Mlle Dumesnil, revus par Dussault. *Paris*, 1825, 2 vol. in-8, br.

771. Taschereau. Histoire de la vie et des ouvrages de Molière. *Paris*, 1828. — Masse. Hist. du pape Alexandre VI et de César Borgia. *Paris*, 1830, in-8, d.-rel.

772. Théâtre de société. *La Haye*, 1777, 3 vol. in-12, demi-rel.

3. ROMANS.

773. Balzac. Scènes de la vie privée ; Scènes de la vie de

province ; Scènes de la vie parisienne ; Peau de Chagrin; Histoire des Tre'ze ; Eugénie Grandet ; Médecin de campagne; Père Goriot ; Lys dans la vallée; César Birotteau; Physiologie du mariage. *Paris*, 14 vol. gr. in 18, d.-rel. veau encadr.

774. Contes bruns, par une tête à l'envers (Balzac, Chasles et Rabou). *Paris*, 1832, 1 vol. in-8, d.-rel.

775. Egaremens (les) du cœur et de l'esprit, ou Mémoires de M. de Meilcour. *La Haye*, 1758, 3 t. en 1v. in-12, v. m.

876. Histoire du chevalier des Grieux et de Manon Lescaut (par Prévost). *Amsterdam*, 1753, 2 vol. pet. in-12, v. marb., *figures*.

777. Lesage. Gilblas de Santillane, illustré par J. Gigoux. *Paris, Paulin*, 1835, gr. in-8.
Exemplaire d'artiste, gr. papier, tiré à petit nombre, belle demi-rel. mrr. bleu, fil. d., tr. blanche.

778. Moyen (le) de parvenir (1739), in-12, v. marb. (*titre mss.*).

779. Nouveau recueil des épigrammatistes français anciens et modernes, contenant ce qui s'est fait de plus excellent dans le genre de l'épigramme, du madrigal etc., depuis Marot jusqu'à présent, avec la vie des auteurs, par B. L. M. *Amsterdam, Wetstein*, 2 vol. in-8, r. v. f. fil.

780. Princesse (la) de Clèves. *Paris*, 1704, in-12, 2 tom. en 1 vol. in-12. v. br.

781. Sue (Eugène). Le Juif Errant. 36 livraisons gr. in-4, à 2 col.
Édition exécutée à Constantinople en 1844.

782. Temple (le) de Gnide (par Montesquieu). *Londres, s. d.* — Silvie. *Londres*, 1743, 1 vol. in-8. fig. v. f. (anc. rel.).

4. COLLECTIONS, ŒUVRES RÉUNIES ET MÉLANGES.

783. Bachaumont. Mémoires historiques, littéraires et critiques, mis en ordre par J. T. M. (Merle). *Paris*, 1808, 2 vol. in-8, br.

784. Baillot de St-Martin. Cours de littérature et d'éloquence. *Paris*, 1837, 2 vol. in-8, v. bl. fil.

785. Beaumarchais. Ses œuvres complètes. *Paris, Furne,* 1828, 6 vol. in-8, ornés de 6 gravures, par Johannot, d.-rel. veau fauve (*Bibolet*).

786. Cazotte. Œuvres badines et morales. *Londres,* 1788, 4 tom. en 3 vol. in-18, fig., d.-rel.

787. Chamfort. Œuvres complètes. *Paris, Maradan,* 1812, 2 vol. in-8, br.

788. Chateaubriand. Œuvres complètes. *Paris, Ladvocat,* 1827-1830, 31 vol. (auxquels on a joint) : Congrès de Vérone. *Paris,* 1844, 2 vol. — Essai sur la littérature anglaise. *Paris,* 1836, 2 vol. — Ensemble, 35 vol. in-8, d.-rel. veau vert (*Bibolet*).

789. Chénier (André). Œuvres complètes. *Paris,* 1819, in-8, br.

790. Chénier (M. J.). Fragments du cours de littérature fait à l'Athénée de Paris en 1806 et 1807. *Paris,* 1818, in-8, br.

791. Chénier (M. J.). Poésies diverses. *Paris,* 1818, in-8, broch.

792. Chénier (M. J.). Tableau historique de l'état et des progrès de la littérature française depuis 1789. *Paris,* 1817, in-8, br.

793. Œuvres de Fénimore Cooper. Précaution, l'Espion, le Pilote, la Prairie, le Dernier des Mohicans, les Pionniers, le Corsaire rouge, les Puritains d'Amérique, Lionel Lincoln, le Bravo. *Paris, Ch. Gosselin,* 1827-1829, 30 vol. gr. in-18, avec vignettes de Johannot, br.

794. Diderot. Œuvres complètes. *Paris, Brière,* 1821, 21 vol. in-8, d.-rel. v. (*Bibolet*.)

795. Diderot. Mémoires, correspondance et œuvres inédites. *Paris, Paulin,* 1830, 4 vol. in-8, d.-rel. v. (*Bibolet*.)

796. Diderot. Correspondance littéraire, philos. et critiq. de Grimm et de Diderot, depuis 1753 jusqu'en 1790. *Paris, Furne,* 1829, 16 vol. in-8, d.-rel. v. (*Bibolet*.)

797. Diderot. Correspondance inédite de Grimm et de Di-

derot, retranchée par la censure impériale en 1812 et 1813. *Paris*, 1829, in-8, br.

798. Correspondance littéraire, philosophique et critique de Grimm et de Diderot. *Paris*, 1812, 5 vol. in-8, br.

799. Diderot. Mémoires, correspondance et ouvrages inédits. *Paris*, 1834, 4 vol. in-8, br.

800. Diderot. Œuvres inédites. *Paris*, 1821, in-8, br.

801. Du Deffand. Lettres de la marquise du Deffand à Horace Walpole, depuis comte d'Oxford. *Paris*, 1824, 4 vol. in-8, portr., br.

802. Du Tillet. Le Parnasse français, avec des remarques sur la poésie et la musique. *Paris, Coignard*, 1732, in-fol., front. gr., fig., v. m. (*Bel exempl.*)

803. Études sur Lafontaine, ou notes et excursions littéraires sur ses Fables (par Solvet). *Paris*, 1812, in-8, fig., br.

804. Esprit de Rivarol. *Paris*, 1808, in-12, d.-rel.

805. Esprit du Mercure de France depuis son origine jusqu'en 1792. *Paris*, 1810, 3 vol. in-8, br.

806. Guizot. Vie, correspondance et écrits de Washington, précédés d'une Introduction sur l'influence et le caractère de Washington. *Paris, Ch. Gosselin*, 1840, 6 vol. in-8, br., et atlas.

807. Histoire de la vie et des ouvrages de J.-J. Rousseau, suivie de lettres inédites. *Paris*, 1821, 2 vol. in-8, d.-rel., veau bl.

808. Hugo. Œuvres complètes de Victor Hugo (contenant les poésies et le théâtre complets : Cromwel, Notre-Dame de Paris, le Dernier jour d'un Condamné, littérature et philosophie mêlées). *Paris*, 1835 et ann. suiv., 18 vol. in-8, d.-rel. (*Bibolet*), veau bl., encadr.

809. Lamennais. Ses Œuvres complètes, revues et mises en ordre par l'auteur. *Paris, Coilleux*, 1836, 12 vol. in-8, broch.

Exemplaires auxquels on a joint : 1° Études et notice sur Lamennais par Robinet, br. in-8; — 2° Esquisses d'une philosophie (les trois pr. volume). Paguerre, 1841, in-8°; — 3° Discussions critiques et pensées diverses sur la religion et sur la philosophie, par Lamennais. *Paris,* Pagnerre, 1841, 1 vol. in-8°.

810. La Fontaine. Notice inédite, historique et littéraire sur la vie de La Fontaine, par Des Renaudes. *Paris,* 1832, in-8, br.

811. La Fontaine. Nouvelles œuvres diverses publ. par Walcknaër, et poésies de Maucroix. *Paris,* 1820, in-8, fig., br.

812. La Fontaine. Œuvres complètes de Jean de La Fontaine, édition accompagnée de notes par Walkenaër. *Paris, Lefèvre,* 1822, 6 vol. in-8, portrait et fig., demi-rel., veau rouge.

813. La Harpe. Nouveau supplément au Cours de littérature. *Paris,* 1818, in-8, br.

814. Lespinasse. Lettres de Mademoiselle de Lespinasse, de 1773 à 1776, augmentées de son Eloge, par de Guibert. *Paris,* 1811, 2 tom. en 1 vol. in-12, d.-rel. — Nouvelles lettres de Mlle de Lespinasse. *Paris, Maradan,* 1820, in-8, br.

815. Lespinasse. Nouvelles lettres de Mademoiselle de Lespinasse, suivies du portrait de M. de Mora et d'autres opuscules inédits. *Paris,* 1820, in-8, br.

816. Lettres portugaises, avec les imitations en vers, par Dorat. *Paris,* 1807, in-12, br.

817. Musset Pathay. Contes histor. *Paris,* 1826, in-8, br.

818. Musset Pathay. Recherches historiques sur le cardinal de Retz. *Paris,* 1807, in-8, br.

819. Palissot. Mémoires pour servir à l'histoire de notre littérature, depuis François Ier jusqu'à nos jours. *Paris, impr. de Crapelet,* 1803, 2 vol. in-8, v. rac.

820. Pièces intéressantes et peu connues, pour servir à l'histoire et à la littérature. *Bruxelles,* 1785, 8 vol. in-12, veau marb.

821. Pope. Works. *Edinburgh,* 1767, 5 vol. in-12, portr., fig., v. j., fil.

822. Récréations historiques, critiques, morales (par Dreux du Radier). *Paris*, 1767, 2 vol. in-12, v. marb.

823. Rousseau (J.-J.). Correspondance originale et inédite avec Madame Latour de Franqueville et M. du Peyrou. *Paris*, 1803, 2 vol. in-8, br.

824. Rousseau. Œuvres complètes de J.-J. Rousseau. *Paris, Dalibon*, 1826, avec la Biographie par Mussey Pathay, 26 vol. in-8, d.-rel., mar. bleu, doré.
Exemplaire d'une bonne condition. On y a joint la partition du *Devin de village*, b.

825. Salverte (Eusèbe). Tableau littéraire de la France au XVIII° siècle. *Paris*, 1809, in-8, br.

826. Santeulliana, ou les Bons mots de Santeul, avec un Abrégé de sa vie. *La Haye*, 1710, pet. in-12, v. j., fil. (*Armoiries.*)

827. Sarrazin. Ses œuvres. *Paris, Louis Billaine*, 1663, pet. in-12, v.

828. Scarron. Œuvres. *Paris, Mich. David*, 1760, 10 vol. in-18, rel. anc.

829. Sévigné. Lettres de madame de Sévigné, de sa famille et de ses amis, publiées par Gault-de-Saint-Germain. *Paris, Dalibon*, 1823, 12 vol. in-8, br.

830. Victorin-Fabre. Tableau littéraire du XVIII° siècle, suivi de l'Eloge de Labruyère. *Paris*, 1810, in-8, br.

831. Voltaire. Œuvres complètes. *Paris, Delerville*, 1818, 41 vol. in-8, portr., br.

E. — HISTOIRE.

1. GÉOGRAPHIE ET VOYAGES.

832. Andreossy. Voyage à l'embouchure de la mer Noire. *Paris*, 1818, d.-rel. — Juchereau de Saint-Denis. Révolution de Constantinople en 1807 et 1808. *Paris*, 1819,

in-8, d.-rel. — Pertusier. La Bosnie considérée dans ses rapports avec l'empire ottoman, 1822, in-8, d.-rel., v. — Walsh. Voy. en Turquie et à Constantinople, trad. de l'angl. par Vilmain et Rives, 1828, in-8, d.-r., v.

833. Anecdotes, ou Histoire de la maison ottomane. *Lyon*, 1724, 4 tom. en 2 vol. pet. in-12, v. m.

834. Aubignose (d'). La Turquie nouvelle, jugée au point où l'ont amenée les réformes du sultan Mahmoud. *Paris*, 1839, 2 tom. en 1 vol., in-8, d.-rel., v.

835. Bory de Saint-Vincent. Histoire et description des îles Ioniennes, depuis les temps fabuleux jusqu'à ce jour. *Paris*, 1823, in-8, d.-rel., v.

836. Chandler. Voy. dans l'Asie-Mineure et en Grèce. *Paris*, 1806, 3 vol. in-8, cart., br.

837. Dapper. Description exacte des isles de l'Archipel, trad. du flamand. *Amst.*, 1703, in-fol., tit. gr., fig., veau marb.

838. Delaroière. Voy. en Orient, 1836, in-8, br. — Palaiologue. Esquisses des mœurs turques au XIXe siècle, 1827, in-8, br. — Wilkinson. Voy. en Valachie et en Moldavie, 1831, in-8, fig., v. rac., fil. — J.-J. Paris. Sur la Crise actuelle de l'empire ottoman. *Paris*, 1821, in-8, demi-rel.

839. Gemelli Careri. Voyage autour du monde, trad. de l'italien. *Paris*, 1719, 6 vol. in-12, fig., v. br.

840. Granger. Relation du voyage fait en Égypte en l'année 1730, *Paris*, 1745, in-12, v. m.

841. La Harpe. Abrégé de l'Histoire générale des Voyages. *Paris, Ledoux*, 1820, 24 vol. in-8, et atlas in-fol., cart.

842. La Motraye. Voyage du sieur de la Motraye en Europe, Asie et Afrique. *La Haye*, 1727, 2 vol. in-fol., fig., veau br.

843. Lucas. Voyage au Levant. 1704, 2 vol. — *Idem* en Grèce, Asie-Mineure, Macédoine et Afrique. 1712, 2 vol. — *Id.* en Turquie, Asie, Sourie, Palestine, Egypte, etc., 1724, 3 vol. ; en tout 7 vol. in-12, v., fig. et cartes.

844. Malte-Brun. Traité élémentaire de géographie, terminé par MM. Larenaudière, Balbi et Huot. *Paris*, 1830, 2 vol. gr. in-8, br.

845. Nouveau voyage de Grèce, d'Égypte, de Palestine, etc. *La Haye*, 1724, in-12, v. br.

846. Pertusier. Voyage pittoresque à Constantinople et sur les rives du Bosphore. *Paris*, 1815, 3 v. in-8, d.-r., v.

847. Pouqueville. Voyage en Morée, à Constantinople, en Albanie et dans plusieurs autres parties de l'empire ottoman. *Paris*, 1805, 3 vol. in-8, cart. et fig., v. rac.

848. Quétin. Guide en Orient, itinéraire scientifique, artistique et pittoresque. *Paris*, 1844, in-12, br., avec carte.

849. Ramond. Voyages au mont Perdu et dans la partie adjacente des Hautes-Pyrénées. *Paris*, an IX, in-8, cart.

850. Ritter. Géographie générale et comparée de l'Afrique, trad. de l'allemand, par Buret et Ed. Desor. *Paris*, 1836, 3 vol. in-8, br.

851. Rottiers. Itinéraire de Tiflis à Constantinople. *Brux.*, 1829, in-8, d.-rel. — Dallaway. Constantinople ancienne et moderne, an VII, 2 vol. in-8, br. — Lettres sur Constantinople, de l'abbé Sévin, revues par l'abbé de Vauxcelles, 1802, in-8, v. rac.

852. Théis (le baron Alex. de). Voyage de Polyclète, ou Lettres romaines. *Paris*, 1828, 2 vol. in-8, v. gauf., fil.

853. Voyage de milady Craven à Constantinople par la Crimée, trad. de l'angl. *Paris*, 1789, in-8, d.-rel. — Voy. de Constantinople à Bassora, par le Tigre et l'Euphrate, trad. de l'italien de Clestini. *Paris*, an VII, in-8, cart, d.-rel. — Itinéraire d'une partie peu connue de l'Asie-Mineure. *Paris*, 1816, in-8, d.-rel.

854. Voyage de Stephanopoli en Grèce. *Paris, an VIII*, 2 vol., v. rac., fil. — Bartholdy. Voy. en Grèce, trad. de l'allemand. *Paris*, 1807, 2 vol. in-8, v. rac.

855. Voyages (les) du seigneur de Villamont, chevalier de l'ordre de Hierusalem. *Lyon*, 1611, pet. in-8, v. br.

856. Waren. L'Inde anglaise en 1843. *Leipzig*, 1844, 3 vol. in-12, br.

2. HISTOIRE ANCIENNE ET MODERNE.

857. Anquetil. Précis de l'histoire universelle. *Paris*, 1807, 12 vol. in-12, v.

858. Arnay (d'). Habitudes et mœurs privées des Romains, *Paris*, 1795, in-8, d.-rel.

859. Champollion-Figeac. Égypte ancienne. *Paris, Didot*, 1839, in-8, fig., d.-rel., v. f.

860. Considérations sur les causes de la grandeur des Romains et de leur décadence. *Amst.*, 1734, in-12, v. br.

861. Lenglet Dufresnoy. Tablettes chronologiques de l'hist. universelle. *Paris*, 1763, 2 vol. pet. in-8, v. m.

862. Ségur. Histoire ancienne, Histoire du Bas-Empire et Hist. moderne. *Paris*, 1817, 38 vol. in-18, fig., rel.

863. Volney. Les Ruines, ou Méditation sur les révolutions des empires. *Paris*, 1792, in-8, fig., br.

3. HISTOIRE DE FRANCE.

864. Abrégé chronologique de l'hist. de France (par le P. Hénault). *Paris*, 1768 à 1800, 5 vol. in-8, v. m. fil.

865. Abrégé de l'Histoire de la milice françoise du P. Daniel. *Paris*, 1773, 2 vol. in-12, fig., d.-rel. m.

866. Aignan. Extraits des mémoires relatifs à l'Histoire de France, depuis l'année 1757 jusqu'à la révolution. *Paris*, 1824, 2 vol. in-8, br.

867. Anquetil. Motifs des guerres et des traités de paix de la France, de 1648 à 1783. *Paris*, an VI, in-8, br.

868. Anquetil. Histoire de France, continuée par Burette. *Paris*, 1844, 4 vol. gr. in-8, br.

869. Barrière. Mémoires inédits de Loménie de Brienne. *Paris*, 1828, 2 vol. in-8, d.-rel.

870. Barrière. Mém. de mad. du Hausset. — Mém. de Weber, frère de lait de Marie Antoinette. *Paris*, 1846, 2 vol. in-12 br.

871. Barrière. Tableaux de genre et d'histoire peints par différens maîtres. *Paris*, 1828, in-8, br.

872. Bonaparte (Jacques). Sac de Rome écrit en 1527, trad. de l'italien. *Florence*, 1830, in-8, fig., pap. vél. br.

873. Brantôme. Œuvres compl. avec Notices litt. par Buchon. *Paris*, 1812, 2 v. g. in-8, d.-r. m. (*Panth. littér.*)

874. Brantôme. Œuvres complètes. *Paris, Foucault*, 1822, 8 vol. in-8, br.

875. Cayet. Chronologie novenaire, contenant l'histoire de la guerre sous le règne de Henri IIII. *Paris*, 1608, 3 vol. pet. in-8, v. m.

876. Cléry. Journal de ce qui s'est passé à la tour du Temple pendant la captivité de Louis XVI. *Paris*, 1814, in-12, portr., fac-sim., fig., v. gauf., fil.

877. Commines. Mémoires de Philippe de Commines. *Paris, de Sercy*, 1661, in-12, tit. gr., v. br.

878. Commines (Phil. de). Ses Mémoires, publ. avec notes par Denys Godefroy. *Brusselle*, 1714, 4 v. in-8, p., v. m.

879. De Baussel. Mémoires anecdotiques sur l'intérieur du Palais, et sur quelques événements de l'Empire. *Brux.*, 1827, 2 vol. in-8, fig. et fac-simile, d.-rel.

880. Duclos. Mémoires secrets sur les règnes de Louis XIV et de Louis XV. *Paris*, 1791, 2 vol. in-8, veau.

881. Galanteries des rois de France, par Henri Sauval. *Paris*, 1738, 2 vol. in-12, v. m. (*Fig. de Bernard Picart.*)

882. Genlis (madame de). Abrégé de Mémoires, ou Journal du marquis de Dangeau, avec des notes historiques et critiques. *Paris*, 1817, 4 vol. in-8, br.

883. Hamilton. Mémoires de Grammont. *La Haye*, 1741, in-12, v. m.

884. Histoire des Modes françaises, ou Révolutions du costume en France. *Paris*, 1773, in-12, v. m.

885. Histoire du chevalier Bayard, et de plusieurs choses mémorables advenues du règne de Charles VIII, Louis XII et François Ier. *Paris*, 1619, pet. in-4, portr., v. br.

886. La France sous le règne de la Convention. *Paris,* 1824, in-8, br.
887. Lamp. Tables synchronistiques de l'histoire ancienne et moderne, revues et continuées par Engelhard. *Strasbourg,* 1839, in-4, br.
888. Las-Cases. Mémorial de Sainte-Hélène. *Paris,* 1830, 8 vol. in-18, br.
889. Lemau de la Jaisse. Plan des principales places de guerre et villes maritimes frontières du royaume de France. *Paris,* 1736, pet. in-8, fig., v. m.
890. L'Étoile (Pierre de). Journal du règne de Henri IV. *La Haye,* 1741, 4 vol. pet. in-8, v. m.
891. Levis (de). Souvenirs et portraits, 1780-1789. *Paris,* 1813, in-8, d.-rel., v.
892. Lucas. Résumé de l'histoire physique, civile et morale de Paris. *Paris,* 1825, in-18, br. — Promenade au Marché aux Fleurs, 1 vol. in-12.
893. Maurice Levesque. Histoire des douze Césars, trad. du latin de Suétone. *Paris,* 1808, 2 vol. in-8, d.-rel.
894. Mémoires autographes de M. le prince de Montbarey. *Paris,* 1826, 3 vol. in-8, d.-rel.
895. Mémoires de Blaise de Montluc. *Paris, Foucault,* 1822, 3 vol. in-8, d.-rel.
896. Mémoires (les) de la reine Marguerite. *Paris, Chappelain,* 1628, pet. in-8, vél.
897. Mémoires de la vie de Frédéric-Maurice de la Tour-d'Auvergne, duc de Bouillon. *Paris, au Palais, chez Trabouillet,* 1692, in-12, v. br.
898. Mémoires du cardinal de Retz, suivis des Mémoires de Guy et Claude Joly. *Paris, Foucault,* 1822, 4 v. in-8, d.-r.
899. Mémoires du maréchal de Bassompierre. *Amst.,* 1721, 4 vol. in-12, portr., fig., v. br.
900. Mémoires et réflexions sur les principaux événements du règne de Louis XIV. *Rotterdam,* 1716, in-12, v. br.
901. Mémoires, fragments historiques et correspondance

de madame la princesse Palatine, publiés par Busoni. *Paris,* 1832, in-8, br.

902. Mémoires histor. crit. et anecdotiques des Reines et Régentes de France. *Amst.*, 1776, 6 v. in-12, v. m.

903. Mémoires pour servir à l'histoire de France. *Cologne,* 1719, 2 vol. in-8, portr., v. br.

904. Mémoires secrets et inédits de la Cour de France sur la fin du règne de Louis XIV, par le marquis de Sourches, avec une Introduction et des Notes, par Bernier. *Paris,* 1836, 2 vol. in-8, br.

905. Michelet. Précis de l'histoire de France, jusqu'à la Révolution française. *Paris,* 1842, in-8, br.

906. Paris, Versailles et les provinces au XVIIIe siècle, ou Anecdotes sur la vie privée de ministres, évêques, magistrats, etc., 2 vol. in-8, d.-rel.

907. Perrard. Précis de l'histoire du moyen âge et de l'histoire moderne. *Paris,* 1833, in-8, br.

908. Pièces inédites sur les règnes de Louis XIV, Louis XV et Louis XVI. *Paris,* 1809, 2 vol. in-8, br.

909. Révolution. Collection de Mémoires relatifs à la Révolution française. *Paris, Baudouin,* 38 vol. in-8, portr.

Savoir: Mém. de ma J. Duhausset. — Camille Desmoulins, Vilate et Méda. — Mad. d'Epinay, 3 vol. — De Meillan. — De Sénard. — Fréron. — Hanet Cléry, 2 vol. — Durand de Maillane. — Du Bon de Besenval, 2 vol. — Sur les prisons, 2 v. — Marie Antoinette, 2 vol. — Relation du départ de Louis XVI. — Journées de septembre 1792. — Cevallos et d'Escoiquiz. — Ant. Ph. d'Orléans. — Doppet. — Grille, 2 vol. — Rochambeau, 2 vol. — Rivarol. — Lombard de Langres, 2 vol. — Hugo, 2 vol. — Linguet et Dusaulx. — Condorcet, 2 vol. — Morellet, 2 vol. — De Kolli, 2 vol.

Ce lot sera divisé au gré des amateurs.

910. Saint-Simon. Mémoires complets et authentiques du duc de Saint-Simon sur le règne de Louis XIV et la Régence, publiés pour la première fois sur le manuscrit original. *Paris, Sautelet,* 1829, 21 vol. in-8, d.-r., nerfs, veau fauve, p. rouges. (*Bibolet.*)
Exemplaire d'une très-belle condition.

911. Saint-Simon (*Louis de*). Œuvres. *Paris,* 1791, 13 vol. in-8, d.-rel.

912. Satyre Ménippée de la vertu du catholicon d'Espagne,

et de la tenue des estats de Paris. *S. l.*, 1595, p. in-8, v.

913. Satyre Ménippée de la vertu du catholicon d'Espagne. *Ratisbonne*, 1699, in-12, figures, v. fauve.

914. Thibaudeau. Mémoires sur la Convention et le Directoire. *Paris*, 1827, 2 vol. in-8, br.

4. HISTOIRE ÉTRANGÈRE.

915. Arcieu. Diorama de Londres, ou Tableau des mœurs britanniques en 1822. *Paris*, 1823, in-8, br.

916. Carr. L'Etranger en Irlande. — Voyage en Hollande, trad. de l'anglais par Mme Kéralio Robert. *Paris*, 1809, 4 vol. in-8, fig., d.-rel.

917. Catteau-Calleville. Tableau de la mer Baltique. *Paris*, 1812, 2 vol. in-8, v. rac., fil.

918. De La Croix. Etat général de l'empire ottoman. *Paris*, 1695, 3 vol. in-12, d.-rel.

919. EGYPTE. Mengin. L'Egypte sous Mohammed-Aly, suivie d'études sur l'Arabie, par Jomard. 1839. — Nestor l'Hôte. Lettres écrites d'Egypte. 1840, fig. — Planat. Histoire de la régénération de l'Egypte. 1830, fig. — Rifaud. Tableau de l'Egypte et de la Nubie. 1830. En tout 4 vol. in-8, fig., d.-rel.

920. Espion (L') anglais, ou Correspondance entre deux mylords sur les mœurs publiques et privées des Français. *Paris*, 1809, 2 vol. in-8, br.

921. Feuillide (Capo de). L'Irlande. *Paris*, 1839, 2 v. in-8, b.

922. GRÈCE. Cohen. Tableau de la Grèce en 1825. — Ibrahim-Manzour-Efendi. Mém. sur la Grèce et l'Albanie. 1827. — Genoude. Considérations sur les Grecs et les Turcs. 1821. En tout 3 vol. in-8, d.-rel. v.

923. Grèce. Documents relatifs à l'état présent de la Grèce. 1826, 9 livraisons. — Lechevalier. Voy. dans la Troade. 1799. — Duhcaume. Souvenirs de la Morée. 1833. — De Pradt. L'Europe par rapport à la Grèce. 1826. — Jourdain. Mém. sur les événements de la Grèce. 1828, tome Ier. En tout 5 vol. in-8, rel. et br.

924. Guer. Mœurs et usages des Turcs, leur religion, leur gouvernement civil, militaire et politique. *Paris, 1747, 2 vol. gr. in-4, fig., v. m.*

925. Italie, par le chevalier Artaud. Sicile, par de La Salle. *Paris, Didot, 1835, in-8, d.-rel. v. f., fig.*

926. Marin. Histoire de Saladin, sulthan d'Égypte et de Syrie. *Paris, 1758, 2 vol. in-12, v. m.*

927. Noé (Le comte de). Mém. relatifs à l'expédition anglaise partie du Bengale pour aller combattre en Egypte l'armée d'Orient. *Paris, impr. roб., 1826, in-8, fig. col., cart., d.-rel. v.* — D'Angeville. La vérité sur la question d'Orient et sur M. Thiers. *Paris, 1841, in-8, br.*

928. Papadopoulo-Vrétos. Mém. biographiques-historiques sur le président de la Grèce, le comte Jean Capodistrias. *Paris, Didot, 1837, 2 tomes en 1 vol. in-8, portr., d.-rel. v.* — Le comte Capodistrias jugé par lui-même, extraits textuels de ses lettres. *Paris, 1842, in-8, d.-rel. v.* — Lettres et documents relatifs aux événements qui ont précédé et suivi la mort du comte Capodistrias. *Paris, 1831, in-8, d.-rel.*

929. Pilorgerie (Jules de La). Histoire de Botany-Bay, ou Examen des effets de la déportation. *Paris, 1836, in-8, br.*

930. Pouqueville. Histoire de la régénération de la Grèce. *Paris, 1825, 4 vol. in-8, fig., d.-rel.*

931. Raffenel. Histoire des événements de la Grèce, suivie d'une notice sur Constantinople. *Paris, 1822, 3 vol. in-8, v. ant., fil., avec cart.*

932. Raymond. Origine et progrès de la puissance des Sikhs dans le Penjab, et Hist. du Maha-Radja-Randjit-Singh, trad. de l'anglais de Prinsep. *Paris, 1836, in-8, br., avec carte.*

933. Salaberry. Histoire de l'empire ottoman, depuis sa fondation jusqu'en 1792. *Paris, 1817, 4 vol. in-8, d.-rel.* (*Avec carte.*)

934. Sestini (L'abbé). Lettres écrites à ses amis en Toscane, pendant le cours de ses voyages en Italie, en Sicile et en

Turquie, trad. de l'italien par Pingeron. *Paris,* 1789, 3 vol. in-8, d.-rel. v.

935. Tableau de la Grande-Bretagne, de l'Irlande et des possessions angloises dans les quatre parties du monde. *Paris, an VIII,* 4 vol. in-8, fig., d.-rel.

936. Thornton. État actuel de la Turquie, trad. de l'anglais. *Paris,* 1812, 2 vol. in-8, cart.

937. Warden. On the origine, nature, progress and influence of consular establishments. *Paris,* 1813, in-8, d.-rel. v.

---

938. Biographie universelle, ancienne et moderne. *Paris, Michaud,* 1811-1828, 52 vol. in-8, br.

939. Biographie universelle par une société de gens de lettres. *Paris, Furne,* 1833, 6 tom. en 3 vol. gr. in-8 à 2 col., d.-rel.

940. Fournier. Nouveau dictionnaire de bibliographie. *Paris,* 1809, in-8, v. rac.

941. Héraut de Sechelles. Voyage à Montbar, contenant des détails très-intéressants sur Buffon. *Paris, an IX,* in-8, broch.

942. Magasin pittoresque, de l'origine 1833 à 1849 compris, 17 vol. p. in-4, d.-rel. en toile, et les deux dern. années en livraisons. (*Exempl. bien complet.*)

943. Peignot. Dictionnaire raisonné de bibliologie. *Paris,* 1802, 2 vol. in-8, d.-rel. v.

944. Peignot. Répertoire bibliographique universel. *Paris, Renouard,* 1812, in-8, br.

945. Pélisson. Histoire de l'Académie française. *Paris,* 1730, 2 vol. in-12, veau marb.

946. Plutarque. Vies des hommes illustres, trad. du grec par Amyot, avec les notes de Brotier, Dacier et Vauvilliers. *Paris,* 1811, 16 vol. in-12, br.

947. Wathins. Dictionnaire universel bibliographique et portatif, trad. par M. L'Écuy. *Paris,* 1803, in-8, v. m.

www.ingramcontent.com/pod-product-compliance
Lightning Source LLC
Chambersburg PA
CBHW030111230526
45471CB00003B/1358